ESSAI HISTORIQUE

SUR

LA FORÊT DE RETZ.

LIMITES de la FORÊT
- - - - au VIIIe Siècle
———— au XIXe Siècle.

Autog.rie A. Matthieu. Caen.

14 Frères.

Braine · Rau Fismes
Riv. Vesle ·
SOISSONS
Riv. Aisne
Compiègne ·
FORÊT
de CUISE
Cuise
Pierrefonds
Mortefontaine
Villers-Cotterets
Crépy ·
La Ferté ·
Bérieau
Cœuvres
Taux
Vignys-Haramonts
Le Plessy
Maubuisson
Bucilly
Mareuil
Fère
Riv.
Château-Thierry
Nanteuil
Neuilly
Marne

La Grotte.

ESSAI HISTORIQUE

SUR LA

FORÊT DE RETZ.

I. — DEPUIS LES GAULOIS JUSQU'AUX CARLOVINGIENS.

Avant les temps historiques, le territoire de la
France était entièrement couvert de vastes et impénétrables forêts.

Les hommes primitifs vivaient dans des cavernes
creusées dans le roc ou le tuf, souvent dans le flanc
des montagnes, de manière à en rendre l'accès difficile.

Les grottes de Pasly offrent un exemple remarqua-
ble de ces habitations souterraines. Dans la forêt de
Villers-Cotterêts, près de l'ermitage St-Antoine, se
trouve encore un reste de creutes semblables.

Nos environs en possèdent aussi de nombreux vestiges ; les creutes de Mons-en-Laonnois, de Crouttes-
sous-Muret, etc., et tant d'autres que notre savant col-
lègue, M. Fleury, a citées dans une brochure récente.

Pour se défendre contre les animaux féroces, les
mammouths, les ours, les hyènes, ces redoutables ad-
versaires, l'homme n'avait d'autres armes que des
pierres, des silex, d'abord bruts, puis taillés, et plus
tard polis.

Le sol du Soissonnais est assez riche en débris de ce

temps et les hachettes en silex de Cœuvres, ceux si nombreux de Carenda, de la Sablonnière, si heureusement découverts par M. Frédéric Moreau ; les silex polis, décrits par MM. Watelet et Papillon, dans leur ouvrage sur l'âge de pierre ; ceux que nous avons trouvés nous-mêmes dans la forêt de Retz et dont nous avons parlé dans notre *Histoire de Villers-Cotteréts*, offrent une preuve irrécusable de la présence de ces premiers habitants de notre contrée.

A ces époques reculées, les forêts restent entières ; aucun défrichement ne paraît avoir été fait. Ne cultivant pas la terre, vivant uniquement de racines et de fruits, de chasse et de pêches, ces premiers habitants n'avaient pas besoin de détruire les bois.

Ce n'est que longtemps après, à l'époque du fer, que l'on commença à cultiver quelques coins de terre.

Peu à peu, à mesure que la civilisation avança, les populations opérèrent des défrichements partiels plus ou moins importants, pour y bâtir leurs villes et se livrer au labourage.

A l'époque de la conquête de la Gaule par César, le centre et le midi étaient déjà bien découverts (Cœsar, de bell. gall. V et VI).

Les Celtes brûlaient certaines parties de bois et cultivaient le sol, fertilisé par la cendre des arbres, seul amendement connu alors. (Alf. Maury, les forêts de la Gaule, p. 42.)

Dans les clairières, qui s'élargissaient continuellement, on semait des fourrages et des céréales, le blé, l'orge, l'avoine, etc.

Au nord, dans la Gaule-Belgique, les défrichements étaient moins considérables, les habitations étaient construites au voisinage des bois et beaucoup au milieu même.

Le pays des sylvanectes tout entier n'était qu'une masse forestière. Elle s'étendait depuis le territoire des

Parisii, aux environs de Louvres, jusque près de Soissons. Selon M. Maury, dont l'intéressant ouvrage contient de précieux renseignements où nous puisons largement, cette forêt, nommée *Sylviacum*, embrassait les forêts de Chantilly, de Compiègne, de Laigle, de Coucy et de Villers-Cotterêts

Elle recouvrait à la fois les frontières des Bellovaques, des Suessions et des Meldes. Elle avait pour limites au nord les marais tourbeux du Ponthieu et de l'Amiénois, au sud la Marne.

Les Gaulois lui donnaient le nom de *coat, cot*, la *forêt* tout simplement (en latin *cotia*), d'où sont dérivés les noms de Cuise, Coucy, Cuisy, Coyolles, etc.

Les habitants de ces grands bois trouvaient leur existence dans l'élevage des troupeaux et dans la chasse. Ils étaient nomades, s'installaient dans un canton où ils dressaient leurs huttes, puis, quand ils avaient épuisé l'herbage et détruit le petit gibier, ils se transportaient plus loin. (Tacite, germ.)

Ce séjour dans les forêts donnait aux Belges un caractère grossier, sauvage et même barbare qui n'était adouci que dans les agglomérations urbaines Le climat était âpre et froid; les Romains le redoutaient tellement qu'ils lui donnaient le nom d'*atrox cœlum* (Florus, III). Cette température les endurcissait, accroissait leur force musculaire, augmentait leur courage.

Ils avaient une vénération particulière pour les hautes futaies, un culte pour les grands arbres.

Ces chênes séculaires,

De qui la tête au ciel était voisine
Et dont les pieds touchaient à l'empire des morts,

leur inspiraient un respect mêlé d'une crainte superstitieuse.

L'ombrage épais, le silence solennel, la solitude imposante, le calme lugubre, l'aspect pittoresque et majestueux de ces forêts, frappaient vivement les imaginations rustiques et leur faisaient éprouver une secrète terreur.

Ils se figuraient les forêts peuplées de puissances mystérieuses, de génies terribles, de divinités invisibles. (Epist. XLI.) Ils se sentaient faibles et petits devant cette grandiose création, devant cette végétation luxuriante et splendide.

Saisi d'admiration et d'effroi en même temps, l'homme se prosternait aux pieds de ces géants qu'il croyait animés d'un souffle divin ; il se recueillait et sentait naître en lui ce sentiment religieux qui élève l'âme vers un être supérieur : Dieu.

Les Druides contribuèrent beaucoup à perpétuer le culte des forêts.

Ils n'avaient pas d'autres temples et leurs cérémonies s'accomplissaient sous les voûtes de feuillages.

Ils allaient solennellement cueillir le gui sacré, dans ces sanctuaires forestiers que les Celtes appelaient *Nemet* (1).

Cette cérémonie s'accomplissait le 6e jour de la dernière lune d'hiver, en février ou en mars.

A cette époque, les branches des arbres étaient dépouillées de leurs feuilles et le gui seul apparaissait avec sa verdure et ses fleurs jaunes ; seul il vivait au milieu de la nature morte

La druidesse, vêtue en blanc, la faucille d'or à la main, coupait le gui et les druides le recueillait dans des bassins d'or, remplis d'eau.

On distribuait, après le sacrifice, cette eau lustrale

(1) Selon M. Alf. Maury, *Nemet* entre dans la composition du nom de quelques villes gauloises *Nemetacum, Nemetobriga, Nemetodurum,* etc., et l'épithète de *Nimidœ*, appliquée dans un décret de concile de Leptines aux forêts où se pratiquaient encore des rites payens, en est dérivée. (A. Maury, p. 22.)
Dans la forêt de Villers-Cotterêts il existe un lieudit du nom de *Nimet*.

au peuple qui la conservait précieusement comme un remède souverain contre les maladies, comme un spécifique infaillible contre les maléfices.

« Le gui, dit Taliésin, c'est le rameau pur qui guérit tout (1). »

Dans les forêts se tenaient non-seulement les solennités religieuses, mais encore les assemblées populaires, c'étaient les lieux de réunion.

On choisissait un vallon, ouvert à l'orient autant que possible ; on y dressait les blocs de grès en dolmen, ou debout comme les men-hirs. Parfois on rangeait ces grès en allées, en cercles, etc.

Autour des Dolmens, on enterrait les morts. De nombreux tumuli existent dans les forêts antiques.

Dans la forêt de Villers Cotterêts on en a retrouvé au lieudit la *Vente des Tombes*, du côté du Puits des Sarrazins et dans le désert des sables de la Tour du Grain (2), près Gondreville.

Il doit encore en exister aux environs de la Pierre Clouise et dans cette vallée au milieu de laquelle se trouve ce gros grès du lieudit *la Grotte*, qui pourrait bien être un monument druidique.

Autour de cette masse singulière par sa forme, se dresse une multitude de pierres debout qui doivent être des tumuli ou tombelles celtiques.

Une autre preuve de l'authenticité de ces monuments résulte des découvertes faites dans les environs.

En octobre 1863, on a trouvé au bord de la forêt et non loin de la Pierre Clouise, une rouelle que l'on considère comme la monnaie primitive des Gaulois.

---

(1) Nous avons cherché à démontrer que la fête de la Pierre Clouise, qui se célèbre le premier dimanche de carême, n'est que la continuation perpétuée jusqu'à nos jours de la fête du Gui. (V. notre hist. de Villers-Cotterêts, p. 124.)

(2) Hericart de Thury, hist. d'un Vieux Chêne, p. 1.

Et dans un jardin du village d'Haramont, à quelques pas du même endroit, on a découvert une pièce d'or bien conservée, représentant d'un côté un cheval et de l'autre des astres, des croissants, des rondelles, des épis, etc., que M. Barthélemy pense appartenir aux Remy.

A Pommiers, M. Vauvillé a mis à jour également plusieurs monnaies gauloises.

L'établissement du christianisme chassa les dieux et les déesses des bois et des chênes sacrés ; l'amadryade des Romains, la querculane au front couronné de verdure, se transformèrent en fées, en démons. Les sylphes, les elfes, les gnômes et autres esprits infernaux peuplèrent les grands bois.

La nuit, les fantômes hantaient les hauteurs ; le chasseur maudit, le chasseur noir parcourait la forêt sombre, entouré de sa meute terrible.

Ici c'est le meneur de loup, ailleurs la Mesnie Hellequin.

Toujours une légende effrayante, répétée par la tradition et à laquelle les populations superstitieuses avaient la plus ferme croyance.

Qui pourrait raconter ces curieuses légendes dont plusieurs sont parvenues jusqu'à nous, comme un dernier écho des siècles passés ?

Après la conquête, les Romains ayant fondé un grand nombre de villes et de villages, il fallut nécessairement faire de nombreux abattis.

Ce fut le premier démembrement de ces immenses forêts druidiques auprès desquelles nos forêts actuelles, même les plus considérables, ne sont que des petits bois.

Les principales essences étaient le chêne, *quercus*, l'érable, *acer*, le bouleau, *betula*, le hêtre, *fagus*, l'orme, *ulmus*, le saule, *salix*, c'est-à-dire les arbres que l'on rencontre aujourd'hui encore.

Les Romains ont laissé de nombreuses traces de leur séjour dans nos forêts. Sans parler de la villa gallo-romaine, découverte dans la forêt de Compiègne, que M. de Roucy a décrite avec tant de soin et dont il a recueilli les restes curieux mis à jour, nous pouvons signaler des témoins évidents de la présence d'une colonie, sinon romaine, du moins gallo-romaine.

Des fouilles faites, il y a dix ans, au sommet de la route du Faîte, entre Villers-Cotterêts et Vivières, au lieudit le *Houssois*, pour tirer les pierres nécessaires à l'entretien des routes, ont mis, par hasard, à jour des tuiles à rebord et des tuiles creuses, *imbrices et tegula*, des médailles romaines en bronze, en grande quantité (environ 1,500) des empereurs Antonin, Maximus, Tétricus et autres ; des ustensiles, des vases et des débris de poteries de toutes sortes, ainsi que des fondations d'un certain nombre d'habitations.

Deux meules de moulins à bras, *mola manuaria* ou *trusatilis*, ont été recueillies depuis. L'ouverture d'un puits était encore très visible sur le bord du chemin.

Ces fondations s'étendent sur une longueur de plus de 500 mètres, depuis la tour Réaumont et tout le long de la route du Faîte jusqu'auprès de la Croix Morel.

Il devait y avoir là une colonie assez importante qui, selon toute probabilité, a été entièrement détruite lors de l'invasion des Normands.

Comment s'appelait cette agglomération d'habitants ? L'endroit a conservé le nom de Houssois.

La colonie du Houssois se trouvait sur le passage d'une voie romaine qui devait suivre à peu près ce que l'on appelle aujourd'hui la route du Faîte.

D'autres chemins traversaient encore la forêt ; nous

en avons donné la nomenclature dans notre *Histoire de Villers-Cotterêts,* p. 128 (1).

Les grandes invasions des barbares des v et vi^e siècles eurent pour effet d'arrêter les défrichements.

Les Goths, les Francs, les Burgondes sortaient des forêts de la Germanie et trouvaient dans nos bois un abri contre les vents et la pluie; leurs bestiaux, porcs, moutons, chèvres y paturaient à loisir ; le gibier leur fournissait une chasse abondante.

Loin de songer à détruire les forêts, ils étaient plutôt portés à les agrandir.

Leur respect pour les arbres était aussi grand que chez les peuplades celtiques.

La loi salique étendait sur les produits sylvestres une protection efficace.

Ainsi celui qui avait coupé ou brûlé des arbres propres aux constructions ou au chauffage, payait 15 sous d'amende (2).

On payait aussi 15 sous pour avoir volé un porc de deux ans (3).

Pour montrer l'importance de cette amende, il suffit de dire qu'il n'en coûtait que 30 sous à celui qui frappait un homme à la tête assez fortement pour en faire sortir trois os (4).

A cette époque, les forêts n'étaient point des propriétés particulières, elles étaient indivises, communes, *sylvæ communes;* chacun y exerçait un droit d'usage.

(1) Voir aussi Héricart de Thury, *hist. d'un vieux chêne,* p. 1, qui constate la découverte de silex taillés, de débris d'armes en bronze et en fer et de médailles romaines des Trajan et Antonin.

(2) Si quis in Sylva materiamen alienum aut incenderit aut capulaverit, DC dinariis, qui faciunt solidos XV, culpabilis judicetur. (Lex salica, C. XXIV, § 27).

(3) Si quis porcum binum furaverit, DC. dinariis, qui faciunt solidos XV, culpabilis judicetur, excepto capitale et delatura. (Id.)

(4) Même loi, C. II, § 12.

Elles formaient entre chaque *pagus*, entre chaque peuplade, des frontières naturelles, des *marches*, espaces neutres laissées incultes où la végétation poussait en liberté.

Plus tard, les forêts ayant perdu leur caractère de marches, tombèrent au pouvoir des seigneurs ; alors les habitants du voisinage n'ont plus qu'un droit d'usage assez limité (1).

La loi des Burgondes, postérieure à la loi salique, permettait de ramasser le « mort-bois et le bois mort gisant » (2) et même frappait de 6 sous d'amende le propriétaire qui aurait empêché cet usage.

Par contre, on ne pouvait abattre un arbre sur pied et portant fruit.

II. — DU VIIIᵉ AU XVᵉ SIÈCLE.

Sous les Carlovingiens nous voyons surgir un nouveau droit forestier.

Le roi se réserve certaines forêts pour son usage personnel, afin d'y jouir du plaisir de la chasse.

Plusieurs capitulaires de Charlemagne et de Louis-le-Débonnaire concernent la régie des forêts royales.

Les officiers chargés de ces régies s'appelaient *forestarii* (3). Les grandes forêts du nord de la Gaule faisaient partie du domaine royal, mais elles n'avaient déjà plus cette immense étendue dont nous avons parlé.

La vaste forêt des sylvanectes avait été défrichée en partie, coupée, morcelée, et des tronçons divers

---

(1) A. Bouthors, sources du droit rural, p. 70.

(2) Le mort-bois s'entendait des branches sèches restées sur les arbres vifs, — e le bois mort comprenait les branches tombées sur le sol.

(3) Capitul. ann. 808 ; ann. 813, § 18 et 19.

avaient formé des forêts particulières. De nombreuses villas royales ou seigneuriales furent créées çà et là, chacune ayant son parc, son bois, ses futaies.

Les principales divisions dans nos environs sont : La *Cotia Sylva* ou forêt de Cuise, où les rois mérovingiens allaient chasser. C'est dans cette forêt que Clotaire fut saisi de la fièvre dont il mourut en 571 (1).

La forêt de Retz, *Retia Sylva* (2), contiguë à celle de Cuise. Au xᵉ siècle, cette forêt s'étendait depuis Retheuil, contournait Soissons, jusqu'à Chaudun et Buzancy, et arrivait presque à Château-Thierry. Elle comprenait la forêt de Villers-Cotterêts, les bois de Dôle, de Fère, de Ris, ceux de Neuilly-Saint-Front, la haye de La Ferté-Milon, etc.

Et la forêt de Coucy qui s'avançait au sud jusqu'à Crécy-au-Mont.

Ces zones forestières formaient des retraites encore profondes, *densissimi saltus*, dit un historien (3), où les bêtes fauves étaient nombreuses. On y chassait l'ours, le loup, le buffle, le sanglier et le cerf (4).

Nous arrivons maintenant au xiiᵉ siècle, l'âge d'or des monastères. Partout se fondaient des maisons re-

---

(1) Grégoire de Tours, hist. franç., liv. IV, 21.

(2) Nous avons cherché l'étymologie de ce mot, *Retz*, et nous devons dire qu'elle est assez obscure encore.

Ses noms latins sont : *restum, retum, restium, resta, reta, resia, retia*, etc.

Carlier et M. l'abbé Pécheur tirent ce nom de *rothus, rotia*, bois défriché, métairie.

Selon d'autres, il vient de *rete, retis*, rets, filets, — ou de *restis*, corde ou ficelle servant à faire des filets.

Avec Littré on pourrait dire qu'il est dérivé du vallon *rest*, signifiant pause, repos; en provençal et italien *resta*, en allemand *rast*, en anglais *rest*.

Enfin Adrien de Valois lui donne une étymologie celtique : *ryd*. gué, rade, à cause des pièces d'eau et marécages se trouvant dans la forêt.

(3) Vita S. Drausii, ap, hist. de France, t. III, p. 610.

(4) Alf. Maury, p. 119.

ligieuses, et en dehors des couvents de nombreux ermitages se créaient dans les profondeurs des bois.

Cette extension de la vie monastique se fit, en grande partie, aux dépens des forêts. Les moines s'adonnaient à l agriculture et bâtissaient leurs abbayes au milieu des bois.

Bourgfontaine, Longpont, Longpré et tant d'autres ont été construits ainsi. Les bâtiments étaient spacieux et tout autour on défrichait une certaine quantité de terres, pour en faire un centre agricole.

Ce n'est pas tout : de pieux personnages voulant passer leur vie dans la contemplation et l'abstinence, se retiraient dans des solitudes impénétrables. Là, cachés à tous les regards, perdus pour le monde, ils se confectionnaient une hutte, une grotte, un ermitage enfin, et cultivaient de leurs mains un petit jardin.

Ces moines et ces ermites prenaient dans les forêts le terrain nécessaire à leur installation et le bois utile à leurs travaux et à leur chauffage (1).

Les défrichements augmentèrent donc alors dans des proportions considérables.

Les rois et les seigneurs accordèrent largement aux communautés, aux ermites et aux habitants du voisinage les droits d'usage. Cette concession donna lieu à de graves abus qu'il fallut réprimer, comme nous le verrons plus loin.

Les droits de panage, de vaine pâture, de paisson (2),

(1) Alf. Maury, p. 136.

(2) Le droit de *paisson* (*pastio*) était le droit de mener les porcs dans la forêt pour y pâturer les glands, la faine et autres fruits tombés naturellement. On désignait aussi sous ce nom la redevance que l'on payait pour l'exercer. Ce droit de pâture se nommait aussi *glandée* ou *panage*. D'après un capitulaire de Charlemagne, on devait annoncer le 1er septembre de chaque année si la paisson serait autorisée ou non. (Capit. de Villis, art. 25.)

Ordinairement la paisson commençait en octobre et finissait en décembre. (Chéruel, dist. des inst. v° *paisson.*)

de glandée causaient de grands préjudices aux forêts (1)

A ces droits il faut ajouter ceux de ramage (2), et d'affouage (3).

Tous ces droits, toutes ces concessions accordés aux habitants des paroisses limitrophes des forêts, aux fermiers, aux religieux, aux seigneurs se multiplièrent tellement que les plus grandes masses boisées se détériorèrent peu à peu et auraient fini par être détruites.

La manière dont les usagers exerçaient leurs droits ne laissait pas de causer aussi un énorme préjudice ; en effet, celui qui possédait un droit n'était tenu de faire marquer par le forestier que « les arbres dont il avait affaire. » Si ce dernier ne se rendait point à la mise en demeure qui lui était faite, l'usager pouvait couper les arbres de haute futaie sans être inquiété. Pour les taillis, le *tond*, l'usager était libre de les couper sans rien demander, pourvu qu'il ne causât « ni dégât, ni déformation » dans la forêt (4).

On comprend que cet état de choses ne devait pas contribuer à l'amélioration des forêts. Chacun usait et abusait de la permission à lui octroyée, prenait et coupait à son gré, pour ainsi dire, sans contrôle sérieux, sans surveillance possible.

---

(1) Il existe beaucoup de chartes de concession de droits de paisson (*pastio*), *pastinacum porcorum*.
En 1394, le droit de glandée et de pâturage dans la forêt de Villers-Cotterêts fut affermé à un marchand de porcs de Paris, Jean du Moustier, au prix de 520 livres parisis. (De Beauvillé, doc. inéd. sur la Picardie, p. 72.)

(2) On appelait droit de *ramage* le droit de prendre des rameaux ou branchages, pour établir des haies destinées à protéger les terres des ravages du gibier.

(3) L'*affouage* est le droit de prendre du bois de chauffage dans la forêt. (Chéruel, v° affouage.)

(4) Imbert, Enchiridion, v° usage ; Papon, arrêts notables, XIV, tit. III.

Une telle situation ne pouvait durer.

Philippe Auguste voulut y mettre un terme et rendit les premières ordonnances royales concernant les forêts.

La plus ancienne, rendue à Gisors, en 1219, détermine la juridiction des gardes de la forêt de Retz et la vente de ses bois.

La seconde ordonnance se rapporte également à la forêt de Retz ; elle fut rendue par Louis VIII, en 1223 (1).

Saint Louis, ému de l'improbité des agents forestiers, avait défendu expressément aux baillis, sénéchaux et autres officiers de rien recevoir sur le produit de la vente des bois (2).

Au commencement du XIVe siècle, Philippe-le-Bel institua ces grands officiers qui portaient le titre de « Maître des eaux et forêts (3). »

En 1318, Philippe-le-Long rend une ordonnance qui organise des sergents dans les forêts royales. Ces sergents étaient chargés de la garde du bois en personne.

Malheureusement, ces charges étaient souvent vendues par les titulaires à des prix élevés, de sorte que les acquéreurs, pour rentrer dans leurs fonds, exploitaient les bois à leur profit, au moyen de personnes interposées.

Une ordonnance de 1348 se plaint de ces déprédations et cherche les moyens de faire revivre les revenus des forêts qui ont été « comme mis à néant. »

A cette époque, l'administration des forêts était placée sous la haute direction du Maître des eaux et forêts.

Au-dessous de lui venaient les verdiers, les gruyers et les sergents.

---

(1) Saint-Yon, Edits et ordonn. des eaux et forêts, p. 1137.

(2) Ordonn. des rois de France, t. 1, p. 684.

(3) Les premiers sont Etienne Bienfaite et Jean-le-Veneur.

Les verdiers, de *viridarius*, gardes d'un verger, avaient la garde d'une certaine étendue de bois qui formait une verderie. Ils rendaient des sentences dont l'appel ne pouvait être porté que devant le tribunal du maître des eaux et forêts.

Les gruyers, subordonnés aux verdiers, avaient une moins grande étendue sous leur juridiction. Le terrain soumis au gruyer était nommé *grurie*.

On appelait aussi grurie certains droits royaux existant dans les forêts qui ne faisaient point partie du domaine de la couronne.

Enfin, les sergents étaient les simples gardes forestiers.

En 1346, Philippe de Valois fit un réglement important déterminant la juridiction des divers agents forestiers. Le domaine fut divisé en dix maîtrises et c'était devant le Parlement que l'on devait porter les appels des sentences rendues par les maîtrises.

La comptabilité fut aussi régularisée par cette ordonnance. Les agents inférieurs étaient tenus de rendre leurs comptes aux maîtres des eaux et forêts, — et ces derniers étaient eux-mêmes soumis au contrôle de la Chambre des comptes.

Les maîtres seuls pouvaient procéder aux ventes de bois ; ils assistaient aussi au fermage des étangs.

Une chambre spéciale fut créée au Parlement de Paris pour les appels des maîtrises, appels dont le nombre allait toujours croissant. Cette chambre était présidée par un souverain maître et inquisiteur général des eaux et forêts (1).

Ce n'est que plus tard que cette chambre fut dirigée par un président du Parlement.

---

(1) Aquarum et forestarum regis in toto regno Franciœ generalis inquisitor et magister. (Ordonn. de 1356.)

Comme le tribunal suprême des eaux et forêts siégeait à la table de marbre du palais, on lui donna le nom de « table de marbre. »

Cette constitution des eaux et forêts donnait à l'administration certains droits sur les forêts en dehors du domaine public et fut une cause de lutte avec les seigneurs féodaux.

L'administration prétendait avoir par tout le royaume la police de la pêche et de la chasse ; les officiers du roi percevaient le droit de *tiers et danger* sur les ventes de bois, etc. (1).

Nous n'avons pas à nous occuper de ces luttes, puisque la forêt de Retz faisait partie du domaine royal et se trouvait par conséquent à l'abri de ces discussions.

Mais nous devons constater que la période de la féodalité, si pleine de troubles et d'agitation, rendait difficile, presque impossible même, l'application des réglements royaux.

Chaque seigneur bataillait constamment avec le seigneur voisin quand ils ne s'associaient pas pour lutter contre leur suzerain ; les guerres de Philippe Auguste, de saint Louis, les croisades où partait la plus grande partie de la noblesse française, tout enfin contribuait à laisser subsister le désordre et à mettre obstacle à la surveillance.

Certains endroits de la forêt servaient de retraite et de repère aux truands, malandrins, bohémiens de toute sorte qui infestaient la contrée. C'était surtout le désert des sables de la tour du Grain qu'ils fréquentaient et qui devenait ainsi presque une cour des miracles.

Une troupe semblable inquiétait beaucoup les paisi-

---

(1) Le droit de *tiers et danger* consistait dans la perception du tiers de la vente d'un bois, soit en nature, soit en argent, plus le dixième.
Dans quelques provinces on ne percevait que le *tiers*, sans le *danger*.

bles habitants des villages et ne se faisait pas faute de détrousser les rares voyageurs qui se hasardaient sans forte escorte.

Un jour même, la comtesse Eléonore de Valois, allant de Crépy à la Ferté-Milon, fut attaquée par les malavisés, tards-venus et jacquiers, et courut les plus grands dangers.

On ne les voyait pas d'abord ; ils se cachaient dans les rochers, nombreux en cet endroit, puis tombaient à l'improviste sur les voyageurs (1).

La comtesse Eléonore, pour éviter le retour de pareils faits, et aussi dans le but de protéger efficacement les voyageurs, fit construire, en 1185, sur un des rochers les plus élevés du désert, une tour haute et forte.

Près de là existait alors un chêne gigantesque que l'on disait contemporain de Charlemagne et que l'on appelait tantôt *arbre du roi*, à cause de sa taille colossale, tantôt *arbre des malandrins* ou *chêne des truands*, parce que ces derniers y faisaient leurs sabbats, y tenaient leurs conciliabules. C'était leur rendez-vous général à certaines époques de l'année. Malheur alors à celui, pauvre ou riche, manant ou seigneur, jeune ou vieux, homme ou femme, qui tombait au milieu d'eux !

Il lui fallait payer sa malvenue souvent au prix de la vie, et parfois même ces truands faisaient un auto-da-fé, au pied du grand arbre, où ils brûlaient leurs guenilles et les débris de leurs orgies, et dans lequel ils jetaient leurs prisonniers, quand ils ne les pendaient pas aux branches du chêne.

Aussi que de légendes terribles on racontait sur tout cela dans le pays !

(1) Héricart de Thury, histoire d'un chêne, p. 14.

Non loin de l'arbre des gueux existait, au xe siècle, un ermite qui s'était construit une retraite solitaire à la fontaine de Monnevaux.

Dans les guerres du xie siècle l'ermitage fut détruit et c'est sur son emplacement que la comtesse Eléonore fit construire la tour du Grain.

Il ne reste aujourd'hui d'autre vestige de cette tour que les caves à double étage, mais M. Héricart de Thury nous annonce qu'elle avait 6 mètres de diamètre et cinq étages sous la plate-forme de sa tourelle. Chaque étage était voûté. On y montait par un escalier pratiqué dans l'épaisseur des murs autour desquels régnait une galerie couverte par un parapet élevé à tourelles et machicoulis. Au centre de la tour était creusé un puits profond, aujourd'hui comblé par les débris et les ruines de la tour (1).

Cette tour, en même temps qu'elle devait protéger les voyageurs, correspondait avec d'autres tours élevées sur les hauteurs des environs, notamment les tours de Reaumont, de Montaigu, de Thury, de Vez, de Crépy.

Les communications se faisaient par signaux au moyen de feux allumés sur la plate-forme.

La tour Reaumont, située près de Puiseux, sur le plus haut point de la forêt et, dit-on, du département, n'existe pas non plus.

Bergeron, qui vivait du temps de François Ier, dit en parlant d'elle : « La tour *es hault mont*, où l'on voit les restes d'une ancienne tour, » ce qui prouve qu'elle était déjà en ruine à cette époque.

Carlier nous apprend qu'elle a dû être construite sous Philippe de Valois.

(1) Héricart de Thury, p. 14, note 1

Elle était également une fortification et un signal.

Elle offre ceci de particulier que le terrain sur lequel elle était édifiée se compose d'un monticule en pointe au pied duquel se voient encore trois galeries de terre, ou plutôt trois fossés parfaitement indiqués et superposés.

M. Viollet le Duc se trompe lorsqu'il annonce, dans son dictionnaire d'architecture (v° Tour, p. 136) que l'on voit encore des vestiges de la grosse tour Réaumont, car il n'en reste absolument rien.

Cette tour, ainsi que celles du Grain, de Montaigu, etc., étaient des tours d'observation ; elles ne devaient pas beaucoup différer l'une de l'autre, en sorte que la description que nous venons de donner de la première peut s'appliquer aux autres que nous ne connaissons pas.

Nous verrons plus loin la destruction de ces monuments et l'abattage de l'arbre du Roi.

III. — DU XVᵉ AU XVIIᵉ SIÈCLE.

Comme nous venons de le voir, la forêt de Retz est un des plus importants démembrements de l'ancienne forêt des Sylvanectes.

Son étendue était considérable, et à un moment elle a dû dépasser un peu la forêt de Cuise. L'ordonnance de 1575 porte qu'il sera coupé 100 arpents en la forêt de Retz et 96 en la forêt de Cuise-lez-Compiègne. Comme d'habitude, les coupes réglées se déterminaient proportionnellement à la superficie; on doit en conclure que l'étendue de la forêt de Retz était plus grande alors que celle de la forêt de Cuise.

La différence est minime, à la vérité, car si l'on donne 22,000 arpents à la première, la seconde en compterait 21,000.

Aussi les rois affectionnaient beaucoup ces bois antiques et en faisaient le théâtre favori de leurs chasses.

Nous avons vu déjà les premiers démembrements de la forêt de Retz. Ils continuent toujours, et progressivement.

Le bois de Dementard, séparé dès 1317, se subdivise lui-même en plus petites parcelles telles que : la longue Raye, la Croix de Frison, la Fautoye, lesquelles disparaissaient plus tard entièrement (1).

Parmi les écarts de la forêt, nous trouvons au nord est le bois des Eglises ; plus bas, celui de Vierzy ; plus au sud ceux de Blanzy, de Louisan (ou Hautwison), de Craine.

Plus à l'est, entre la Vesle et la Marne, la forêt de Dôle, *sylva Dola*, dont il est question dans les documents du xie siècle et qui devait occuper alors les territoires des communes de Mareuil-en-Dôle et de Nesles-en-Dôle, près Fère-en-Tardenois. Au xviiie siècle cette forêt avait une surface de 2,000 arpents et aujourd'hui elle ne contient plus que 500 hectares environ.

A côté, la forêt de Fère, dont la contenance actuelle est encore de 2,000 hectares.

Les bois d'Osmont, de Munières sont encore des lambeaux de la même forêt qui ont été détachés à différentes époques déjà fort anciennes.

Tous ces déboisements n'ont pas été occasionnés seulement par les défrichements partiels, par les droits d'usage accordés, mais aussi par d'autres causes que nous allons faire connaître.

En premier lieu, les professions sylvestres firent de grands dommages : les sabotiers, les tourneurs, les charbonniers, les cendriers, les charpentiers, les boisseliers, les arcoleurs et d'autres encore ne se faisaient pas faute de prendre pour leurs travaux tout ce qui leur était nécessaire.

(1) *Olim*, éd. Beugnot, t. III, p. 1142.

Dans beaucoup d'endroits, chaque corps d'état avait la faculté d'aller chercher le bois dont il avait besoin.

Ainsi, dit M. Alfred Maury, p. 427, « les ferrons, les tourneurs, les charrons, les michiers, les charpentiers abattaient les troncs nécessaires pour fabriquer des solives ou des moyeux, des brancards ou des planches.

« Les tanneurs prétendaient pouvoir s'approprier l'écorce de tous les arbres abattus ... les boulangers allaient chercher de quoi faire les fourgons pour enfourner le pain ; les tisserands abattaient des hêtres pour établir leurs métiers ; les forgerons ramassaient ou coupaient les grosses branches pour façonner les manches de leurs martaux et le tronc de leurs enclumes (1).

Les tonneliers s'emparaient des châtaigniers pour confectionner leurs cerceaux. Vinrent ensuite les teinturiers, les chaufourniers, les plâtriers, les tuiliers, les verriers, les potiers qui tous prenaient la matière première utile à leurs travaux ; enfin tous les habitants du voisinage prenaient le bois pour leur chauffage et aussi pour bâtir leurs cabanes ou leurs maisons.

On chercha souvent à arrêter ces ravages, mais l'habitude était tellement enracinée que les actes même de l'autorité souveraine et les arrêts du Parlement étaient impuissants.

François Ier renouvela et remit en vigueur les anciennes ordonnances de juillet 1370, mars 1388, septembre 1402, lesquelles défendaient de souffrir ailleurs que dans les ventes ordinaires aucuns attelages d'artisans.

Cette ordonnance de janvier 1518 faisait défense « aux maîtres gruyers, verdiers, maîtres des gardes

(1) Delisle, Études, p. 377.

« et maîtres sergents et tous autres officiers des forêts,
« de bailler congé et permission d'attelages (ateliers)
« à tuiliers, potiers, verriers, forgerons, cercleurs,
« tourneurs, sabotiers, cendriers et autres et de pren-
« dre terre-mine en lesdites forêts (1). »

Par une nouvelle ordonnance de 1536 (2), François I⁰ʳ
rappelle cette prohibition et interdit aux cendriers « de
faire cendre dans les forêts royales, sous peine d'a-
mende arbitraire et de confiscation des outils et ou-
vrages (3).

Ces ordonnances n'étaient pas toujours exécutées,
ou du moins l'usage était plus fort qu'elles, et au bout
de quelques années leurs prescriptions n'étaient plus
observées : on les regardait comme tombées en désué-
tude.

Aussi était-on obligé de les renouveler sans cesse,
presque à chaque nouveau règne.

En effet, en compulsant le recueil des ordonnances
des rois, nous en trouvons un grand nombre, notamment :

Celle de 1583, par laquelle Henri II établit les *gardes-
marteau* chargés de marquer les arbres qui devaient
être réservés ;

Celles de 1584 et de 1597, spécialement applicables
aux forêts de Normandie et à la forêt de Villers-Cotterêts;

Celle de 1669, défendant, à peine de 100 livres d'a-
mende, d'établir des ateliers, à moins d'une demi-
lieue de la forêt et interdisant le transport du feu ;

Cette dernière ordonnance cherchait en outre à em-

(1) St-Yon, ordonn. des eaux et forêts, p. 408. — Alf. Maury, p. 426.
(2) Voir pièces justificatives, nº 1.
(3) Fontanon, ordonn. II, p. 223.

pêcher le détournement des bois L'un de ses articles
défend aux riverains et aux forestiers d'avoir plus de
bois qu'ils n'en avaient besoin pour leur chauffage (1).

Au xvie siècle, de grandes modifications furent apportées dans l'administration des eaux et forêts.

Jusqu'ici le grand maître nommait lui-même les
agents forestiers, mais la fameuse ordonnance créant
la vénalité des offices, vint se faire sentir jusque dans
cette branche administrative.

De même que l'on vit vendre les charges de judi-
cature et de finance, de même on érigea en offices et
l'on vendit les « sergenteries, grueries, verderies et
maîtrises. »

En 1575 la grande maîtrise des eaux et forêts fut
supprimée et remplacée par six grands offices de maîtres, que l'on porta bientôt à douze.

Toutes ces créations d'offices n'eurent d'autre résultat que de jeter le désordre dans l'administration et ce
désordre subsista jusqu'à Henri IV.

Le grand ministre Sully, en 1597, parvint, non sans
peine, à rétablir un peu de régularité. Il créa une
charge nouvelle de « surintendant des eaux et forêts.»
Il supprima beaucoup de droits d'usage et d'autres
concessions faites au grand préjudice des forêts.

Mais avant d'arriver à la réformation opérée par
Colbert, que l'on nous permette quelques mots sur la
chasse.

La chasse en forêt a aussi attiré l'attention des sou-
verains qui se montraient jaloux de ce privilége.

L'ordonnance rendue en mars 1515 par François Ier,
est célèbre et se fait remarquer par une sévérité ex-
cessive.

Elle fut en partie renouvelée par un édit de Henri IV,
de juin 1601, portant réglement des chasses.

( ) Conférence sur l'ordonn. de 1669, II, p. 466.

Les punitions étaient rigoureuses. Nous ne citerons que quelques extraits :

« Art. XI. — Et afin que le présent edict soit inviolablement observé et gardé pour l'advenir, nous voulons et ordonnons que les infracteurs et contrevenants aux deffenses portées par iceluy, soient punis ainsi qu'il s'ensuit.

« XII. — A scavoir ceux qui auront chassé aux cerfs, biches et faons, en 83 écus un tiers d'amende ; et aux sangliers et chevreuils en 41 escus deux tiers, s'ils ont de quoy payer, sinon et en deffaut de ce, seront battus de verges sous la custode, jusqu'à effusion de sang.

« XIII. — S'ils y retournent pour la seconde fois et après ladite punition, seront battus de verges autour des forests, bois, buissons, garennes et autres lieux, où ils auront délinqué et bannis de 15 lieues à l'entour.

« XIV. — Après lesd. punitions, s'ils y retournent pour la tierce fois, seront envoyés aux galères ou battus de verges et bannis perpétuellement de nostre royaume et leurs biens confisquez ; et s'ils étaient incorrigibles, obstinez et récidivaient après lesd. punitions enfreignants leurs bans, seront punis du dernier supplice, s'il est ainsi raisonnable par les juges qui feront leur procès, à la conscience desquels nous avons remis d'en ordonner, selon l'exigence des cas.

. . . .

« XVII. — Ceux qui auront chassé aux menues bestes et gibier, seront condamnez pour la première fois en 6 escus deux tiers d'amende, s'ils ont de quoy payer, sinon et en deffaut, demeureront en prison au pain et à l'eau, la seconde au double de lad. amende et en deffaut de payer seront battus de verges sous la custode et mis au carcan trois heures, à jour et heure de marché ; et la tierce fois, outre lesd. amendes, battus de verges autour des garennes, bois, buissons et autres lieux où ils auront délinqué, et bannis à 15 lieues à l'entour.

. . . .

« XX. — Ceux qui chasseront aux chiens couchants, à l'arquebuse, autrement que nous avons cy-dessus déclaré et seront trouvez saisis, seront condamnés pour la première fois en 33 escus un tiers d'amende ; au double pour la seconde et au triple pour la troisième, s'ils ont de quoy. Et à deffaut de ce, la première fois battus de verge sous la custode, la seconde en la place publique et la troisième bannis à toujours du lieu de leur demeure ; et en chacun desd. cas auront les chiens les jarrets de derrière couppez et seront les arquebuses confisquées. . . . .

« XXIV. — N'entendons toutefois que les peines inflictives du corps soient exécutées, sinon sur les personnes viles et abjectes, et non aultres. »..... (Edits et ordonn. des très-chrétiens roys François Ier à Louis XIV, recueil de Néron et Girard, édition de 1656.)

Le capitaine des chasses était chargé de poursuivre la répression de ces délits. (V. les pièces just. n° 3.)

Ce capitaine était toujours un gentilhomme. Le premier, celui en faveur duquel ce titre fut créé, en 1515, était Jacques de Longueval, bâtard de Vendôme, mort en 1528.

Nous ne parlerons pas de la prédilection de François Ier pour son château de Villers-Cotterêts, ni pour la forêt dont la chasse lui plaisait tant, cela sortirait de notre cadre et nous nous sommes occupé de ce point dans notre histoire de Villers-Cotterêts.

Nous dirons seulement que sous ce roi chevaleresque le chêne royal servait souvent de rendez-vous de chasse et qu'en mémoire de sa maîtresse, la belle Anne de Pisseleu, on lui donna le nom de *chêne de la belle duchesse* (1).

(1) Héricart de Thury, p. 17.

En 1544, peu de temps avant la paix de Crépy, Charles-Quint se reposa sous son ombre, tandis que son armée occupait les environs.

C'est au séjour de l'armée que se rapportent les monnaies espagnoles trouvées à différentes époques dans ce lieu.

On assure même que l'armée française, commandée par le roi, arriva jusque-là ; les deux armées y restèrent plusieurs jours en présence et plusieurs rencontres partielles eurent lieu entre la tour du Grain et les bois du Tillet.

Sous la ligue, les habitants ont encore à souffrir : la forêt abritait tour à tour les soldats et les brigands et Henri IV seul put rétablir à peu près l'ordre.

Ses fréquents séjours à Villers-Cotterêts, ses excursions en forêt, quelques exécutions de braconniers et de brigands donnèrent un exemple qui fit tenir les autres assez tranquilles.

A la minorité de Louis XIII, les troubles recommencèrent et les gens sans aveu relevaient la tête.

Alors, comme sous le règne troublé de Charles VI, lors de l'invasion espagnole ou sous la ligue, on voit les malfaiteurs pulluler.

Les troupes de larrons, de traînards se rassemblaient dans les fourrés épais ; ils fixaient leur repaire près de Vaumoise, à deux pas de la route de Paris, en cet endroit où jadis les Malandrins avaient choisi le leur, près du chêne des truands et de la tour du Grain, qu'on appelait alors la *tour du Diable*. La tour n'existait déjà plus, mais les ruines leur servaient d'asile et en même temps de forteresse. De là ils attaquaient les voyageurs isolés et même ceux qui avaient une faible escorte. En temps de guerre, c'était bien pis encore ; ils allaient comme partisans à la suite des armées, se répandaient partout et achevaient ainsi la ruine et la détresse.

Une plainte fut adressée au cardinal de Richelieu et celui-ci ordonna aussitôt la destruction de la tour du Grain et l'abattage de l'arbre du Roi.

La tour fut minée ; on la fit sauter et raser entièrement, et avec ses débris on combla le grand puits.

Le chêne avait, dit-on, plus de 1,000 ans. C'était le plus gros et le plus beau de la forêt. La tradition en faisait presque un objet sacré. On le vénérait, à cause de son grand âge et la superstition n'avait sans doute pas peu contribué à l'entourer d'un grand prestige. En même temps on en faisait un sujet de terreur et personne dans le pays, aucun ouvrier, n'aurait osé y toucher.

Aussi, malgré l'ordonnance du cardinal, il fut impossible de trouver un bûcheron qui consentît à lui donner un coup de hache. Ce furent les soldats qui se chargèrent de ce travail.

Le bel arbre fut abattu, mais un peu après, quatorze rejetons étaient poussés autour de sa souche et, la légende ne s'étant pas perdue, on les vénéra aussi sous le nom des 14 frères. Leur renommée est arrivée jusqu'à nous, bien que la moitié ait péri et que de 14 il n'en reste plus que 7.

En 1652, au temps de la Fronde, les armées de Turenne et de Condé s'y rencontrèrent. Condé, qui y avait établi son camp, y fut surpris et mis en déroute par Turenne.

Sous Louis XV, le duc d'Orléans fit de cet endroit un rendez-vous de chasse. Il avait fait faire un vaste plancher, réunissant tous les arbres à une hauteur de 5 mètres. On arrivait par un escalier en spirale.

Plusieurs déjeuners princiers furent donnés sur les 14 frères, les anciens du pays se souviennent encore de ces splendides festins de chasse, et racontent à leurs petits enfants les merveilleuses histoires, tantôt fantastiques, tantôt terribles, que leur ont narrées leurs grands parents.

Après les guerres de la Fronde le gouvernement de Louis XIV s'occupa des forêts et reconnut sans peine tous les abus qui s'y commettaient. Colbert continua l'œuvre de Sully. Il résolut de mettre un terme au désordre, d'établir partout la régularité, et à cet effet nomma un commissaire enquêteur qui vint à Villers-Cotterêts, interrogea, calcula et rendit enfin, en 1672, une ordonnance de réformation fort curieuse et surtout fort instructive.

« Les coupes, ont été si confuses et si mal réglées depuis 100 ans, dit le commissaire dans le procès-verbal de réformation, tant pour le roy que pour les usagers et les tréfonciers, qu'il est impossible de prendre un pied certain sur le passé »

Le procès-verbal de cette réformation fut dressé en 1672 par :

« Pierre Lallemant de l'Estrée, chevalier, conseiller du roy en ses conseils, bailly de Chaalons, commissaire député par S. M. pour procédder en dernier ressort à la réformation générale des eaux et forêts de Monsieur, fils de France, frère unique du roy, duc d'Orléans, de Valois et de Chartres, comte de Beaugency, seigneur de Montargis.

« L'effet le plus important de ce travail, dit encore le procès-verbal, est de régler pour l'avenir sur l'état présent de la forêt avec application pour concilier la conservation du fonds, le plus grand profit des ventes et l'advantage du commerce qui regarde plus particulièrement la ville de Paris

« Pour y parvenir, il faut en premier lieu ne laisser en taillis que le buisson du Tillet, à cause du mauvais fonds qui ne peut nourrir des arbres de hauteur et rétablir en haute futaie les buissons de Valgny, la Genevoye, la Queue d'Han, le Quesnoy et l'Equipée qui sont attachés à la forêt et doivent être réglés de même et ceux de Borny, Cresne et Hautwison, dont le fonds est autant plus propre et fertile, les prétextes pris pour en couper tous les arbres n'ayant été qu'imaginaires, affectés et si contraires à la vérité, que par les sommes qu'ils ont produites et par les souches que nous y avons remarquées, il paraît que tous ces buissons étaient couverts de chênes et de hêtres en quantités très-considérables.

« Il faut en second lieu receper incessamment tous les lieux observés par notre procès-verbal de visite ou remis par nos ordonnances au corps de la forêt, rien n'étant plus important à son repeuplement et à sa conservation que de la purger de bois abroutis, pourris ou mal plantés, etc. »

Le procès-verbal constate que par ce moyen la superficie de la forêt devait être de 24,849 arpents, y compris tous les buissons dont :

10,200 arpents en pleine futaie prêts à couper depuis l'âge de 100 ans jusqu'à 200 et plus.

4,240 arpents de demi-futaie depuis 60 jusqu'à 100 ans.

Et le reste en jeunes ventes et hauts revenus de tous âges jusqu'à 60 ans.

Les abus à remédier étaient considérables ; les couvents, les seigneurs et les paysans pillaient, ravageaient la forêt à qui mieux mieux.

Il fallut faire rendre gorge à tout ce monde, et ce n'était point chose facile.

Les employés de la forêt, ceux-là même qui étaient préposés à sa garde et à sa conservation, contribuaient encore à augmenter le désordre au lieu de réprimer les abus, comme c'était leur devoir ; on les voyait donner les mains au pillage et en réclamer leur part.

Le commissaire du roi fit cesser un tel état de choses

et son procès-verbal donne les moyens qu'il a employés pour y parvenir.

Nous allons citer cette partie du réglement de réformation. Elle nous paraît intéressante et nous fera connaître les détails de l'administration forestière de cette époque.

« Le siége de la maîtrise qui se tient à Villers-Cotterêts est composé d'un maître particulier pourvu de deux charges anciennes et alternatives, un lieutenant, un avocat du roi qui est le même du baillage de Valois résidant à Crespy, un procureur du roy, deux gardes marteaux ayant leur employ divisé par gardes avec jurisdiction de gruerie et un greffier ; trois receveurs du domaine ancien, alternatife et triennal, sous un même nom et une seule provision, 2 controlleurs du domaine, dont le triennal n'a jamais été levé non plus que celuy de maître, un collecteur des amendes, un arpenteur et quatre huissiers audienciers. Tous sont à conserver en titre nonobstant la suppression d'aucuns portés par les édits du mois d'avril 1667 et août 1669, dont l'exécution a été surcize et exceptée dans l'apanage même par divers arrêts rendus au conseil et particulièrement en faveur des receveurs et controlleurs le 7 février 1670.

« Mais attendu que les qualités et fonctions de *grurie* dans le même lieu où il a siége de maîtrise supprimé par les mêmes édits, connues à charge au roy et aux peuples sont d'ailleurs incompatibles par la disposition de la nouvelle ordonnance qui doit être, autant qu'il se peut, indispensablement observée. Les fonctions de grurie demeureront éteintes sans que les gardes marteaux puissent prétendre aucune indemnité ni remboursement, tant parce qu'ils auront autant et plus de gages et droits que pour être largement récompensés par la séance et l'authorité dont ils jouiront à l'avenir

5

au siége de la maîtrise, immédiatement après le lieutenant, en vertu de la même ordonnance, sans néantmoins que s'ils y assistaient conjointement, leurs deux voix puissent être comptées que pour une seule.

« Il y avait pour leur audience trois huissiers pourvus, mais l'un est décédé en perte d'office et les deux autres incorporés au siége de la maîtrise ou l'une des quatre places du même titre est aussy vacante, en sorte qu'il n'y en aura présentement qu'une, cinquième et supernuméraire, laquelle demeurera esteinte et supprimée par le décès du premier mourant.

« Au moyen de quoi, pour la suppression si utile de ce siége de grurie qui se tenait au nom desdits gardes marteaux, leur greffier seul pourrait prétendre, mais la finance n'est en tout que de 1,200 livres 10 sols et la condamnation contre lui rendue en réformation pour droits indûment perçus, monte à 3,119 livres 8 sols ce qui paraît une compensation

« Les gardes morte-payc et les sergents à garde seront pareillement supprimés pour le titre ainsi que dans toutes les forêts du roy et réduits au nombre de 19, ordinaires par commission de Sa Majesté ou de Son Altesse Royale, tant que durera l'apanage, avec gages plus grands et mieux payés que cy-devant qui les obligeront à mieux servir et tiendront lieu de récompense ou remboursement raisonnable aux titulaires dont les commissions seront préférablement remplies pour la première fois, si rien ne les en rend indignes.

« Mais presque toute la forêt et les buissons qui en dépendent sont d'une difficile garde particulièrement au bord de Villers-Cotterêts et de la Ferté-Milon et que d'ailleurs tous les sergents ordinaires, ou la plupart, sont originaires ou habitants du pays et par conséquent prévenus de faveur ou facilités pour leurs amis ou alliés, et de crainte pour les personnes puissantes, il est absolument nécessaire de les faire visiter et surveiller par un garde général à cheval qui n'ait ni alliance ni biens dans le Valois, et qui servira encore utilement, non seulement pour tenir les postes les plus exposés, mais pour donner avis au conseil et aux supérieurs des abus et négligences des officiers.

« Il semble aussi très-nécessaire de commettre deux gardes-pêche pour les étangs, rivières et pescheries et leur assigner des gages suffisants sur les amendes de leurs charges.

« Le lieutenant est le seul de tous les officiers du siége qui réside à Villers-Cotterêts ; il est important que le procureur du roi y réside pareillement ou du moins qu'il soit obligé de s'y rendre trois jours la semaine à certaines heures, afin d'avancer les instructions et pourvoir à plusieurs incidents qui naissent de moment à autre et requièrent expédition.

« Et d'autant que le service demeure souvent arrêté par les absences, maladies, récusations et prise à partie du lieutenant, n'ayant aucun autre gradué que lui sur les lieux, il est expédient que les officiers, outre l'audience ordinaire du mardi à midi, en tiennent une qui servira d'occasion à tous lesd. officiers dispersés de conférer plus fréquemment sur les affaires urgentes et de rendre encore plus exacte et prompte justice.

« Le *maître* a 400 livres de gages pour l'office ancien, employé sans retranchement sur l'état du domaine et pareille somme pour l'alternatif, sur l'état des bois. Le même état des bois était en outre chargé de 600 livres pour appréciation de 100 moules de bûches attribués à chacune desd. charges.

« De laquelle somme de 600 livres ne sera plus employée que moitié, d'autant qu'il y aura emploi de 300 livres dans l'état des chauffages, pour celui du maître en exercice sur le fond des ventes.

Les taxations pour journées au nombre de 20, n'allaient ordinairement qu'à 180 liv., mais comme le tra-

vail et les ventes augmenteront, il y a lieu d'augmenter aussi les salaires et de lui accorder 240 liv. Par jugement de réformation du 16 juin 1693, les 240 livres
sont augmentés, à cause d'erreur de calcul, à 270.

« Les droits d'entrée et de sortie ont toujours été
pour lui de 3 liv. 4 sols par vente de haute futaye
composée de 2 arpents et semblent modiques, eu égard
au service, on en peut raisonnablement fixer sous le
bon plaisir du Roy à 3 liv. pour arpent de .plaine futaye après 100 ans, 30 sols par arpent de demi-futaye
au-dessus de 40 ans, s'il en coupait au recépage ou autrement, et 10 sols par arpent de taillis de tel âge depuis 10 jusqu'à 40 ans, le tout pour droits tant d'entrée
que de sortie.

« Le *lieutenant* a 100 liv. de gages ; on lui accorde
une augmentation de 200 liv. Son chauffage de 15 cordes évalué comme celui du maître à 180 livres. Ses
taxations pour assister aux ventes qui n'allaient qu'à
20 écus sont portées à 90 livres. Les droits d'entrée et
de sortie lui sont retirés.

« Les deux *gardes marteaux* ont chacun 40 liv. de
gages sur le domaine et 60 liv. sur la livrée des bois.
Leur nouveau travail leur vaut une augmentation de
200 livres chacun. — Chauffage de 10 cordes chacun
ou six vingt livres; pour leur visite et assistance, il
est accordé 100 liv. chacun en journée sur le sol pour
livre. Ils ont les mêmes droits d'entrée et de sortie que
les maîtres.

« L'*advocat du Roy* a ses gages comme officier ordinaire et ne peut prétendre aucun chauffage ni droits
sauf à l'employer pour 60 livres en journées quand il
assistera aux ventes ou autre service.

« Le *procureur du Roy* a 100 livres de gages et
prétend avoir eu jadis une augmentation de 60 livres ;
le service demande qu'il soit employé pour 300 livres ;
chauffage 10 cordes ou six vingt livres, — taxations

pour journées à 180 livres ; droits d'entrée et de sortie comme le maître.

« Le *receveur du domaine* a 435 livres de gages, — pas de chauffage. — 190 livres pour ses journées ; il est réduit à 3 liv. par arpent de futaie, 30 sols par arpent de demi-futaie et 10 sols par arpent de taillis pour tous droits. Il est maintenu dans les quatre deniers pour livre du principal des ventes et du sol pour livre sur le tiers denier des ecclésiastiques ou particuliers ayant droit dans les tréfonds.

« Les deux *controlleurs* du domaine ont chacun 100 livres de gages ; pas de chauffage, — 200 livres en journées, le sol pour livre chacun dans l'année de son exercice, sans droit d'entrée ni sortie.

« Le *greffier* a 80 livres de gages ; chauffage de 60 livres ; ses journées 180 livres ; les deux-tiers du maître pour droits d'entrée et sortie.

« Le *collecteur des amendes* n'a pas de gages ; il jouissait du tiers, mais c'est trop ; on peut le réduire au quart des deniers dont il aura fait le recouvrement effectif.

« L'*arpenteur* n'a ni gages ni chauffage ; il a 20 sols par arpent de futaie pour le premier arpentage et 30 sols tant pour lui que celui qui procédra en sa présence au remesurage ; ces 30 sols payables par l'adjudicataire qui doit faire procéder au recolement à ses frais.

« Les *huissiers audienciers* n'ont gages, chauffage ni droit, mais seulement des émoluments ordinaires d'appel de cause, exploits, significations, dont la taxe sera faite et le tableau mis au siége de la maîtrise.

« Aucun officier ne pourra recevoir ni exiger aucuns droits ou profits pour quoi que ce soit à peine de concussion.

« Le *garde général à cheval* aura 90 livres d'appointements ordinaires.

« Chacun des 19 *sergents*, 100 livres par an et 100

livres pour tous droits sur les ventes plus 2 sols pour livre sur le produit des condamnations rendues sur leur rapport, — pas de chauffage.

« Et chacun des *gardes-pêche*, 30 livres par quartier, et 2 sols pour livre sur les amendes.

« Il y a encore, outre les 19 gardes ordinaires, un *garde* à la suite du maître, qui n'a ni gage, ni chauffage, ni droit, mais seulement des taxes sur les amendes. »

Cet extrait nous renseigne sur l'administration forestière au xviiᵉ siècle et sur les émoluments de chacun des membres de cette administration.

Il nous a paru fort intéressant de reproduire ces détails que nous croyons inédits, et qui montrent aux lecteurs la différence existant entre les officiers de la maîtrise d'alors et les employés de l'inspection actuelle.

Les noms et les fonctions ont changé, aussi bien que les appointements : l'inspecteur a remplacé le maître.

La justice particulière de grurie n'existe plus ; les délits de forêts et de chasse sont punis par les tribunaux correctionnels ou la cour d'assises, et toute cette kirielle d'officiers de justice, depuis le lieutenant et le procureur jusqu'aux huissiers audienciers, tout cela a disparu avec les priviléges, et les abus, avec les derniers vestiges de la féodalité.

Le commissaire du roi n'avait pas seulement mission de régler l'administration intérieure et de la rétablir sur une meilleure base, en modifiant les appointements d'une façon plus équitable, — il avait surtout pour but de réformer les usages de la forêt, de vérifier les titres sur lesquels chacun s'appuyait pour user de son droit d'usage.

Tous les titres furent examinés, vérifiés, analysés et il est résulté de cet examen consciencieux que les 25 paroisses usagères entourant la forêt avaient usé et abusé plus ou moins de leurs droits, de sorte que la plupart d'entre elles furent obligées de restituer à l'Etat des sommes relativement considérables.

Cela prouve que depuis longtemps on taillait à merci dans la forêt; celui qui avait droit de prendre un arbre en prenait dix; celui qui n'avait droit qu'au mort bois prenait du bois sur pied, etc., etc.

C'est ainsi que les religieux et abbé de Longpont ont été condamnés à restituer une somme de 44,000 livres.

« D'autant que les religieux et abbé de Longpont, dit le procès-verbal, ont joui pendant plusieurs années du tiers denier des ventes faites en différents triages qu'ils prétendaient en leurs tréfonds qui ont néanmoins été reconnus en réformation dans le fonds du roi, pour raison de quoi nous les avons condamnés à la restitution liquidée à la somme de 44.000 livres. Notre avis est que pour le paiement de ladite somme et de l'indemnité de S. M. ou de S A. R., il y a lieu de faire pendant les premières années des coupes de bois, dans les 6 pièces dont ladite abbaye jouit en tréfonds ès-lieux où la futaie est plus ancienne, jusqu'à la concurrence de ladite somme de 44,000 livres sans qu'il en soit rien donné auxdits religieux et abbé de Longpont. »

Chacun des villages, couvents et châteaux des alentours de la forêt avait ainsi un droit, affirmé les uns par des titres réguliers, les autres, comme Longpont, seulement sur l'habitude.

Nous n'entreprendrons pas de rapporter les prétentions de ces 25 paroisses, cela nous mènerait trop loin, il faudrait transcrire dans son entier le procès-verbal de réformation. (Voir pièces justificatives nº 2.)

Nous nous bornerons à quelques extraits des réformations les plus importantes.

Citons, pour commencer, ce qui intéresse Villers-Cotterêts.

« Le Bourg de Villers-Cotterêts prétend droit d'u-

sage dans toute la forêt de Retz en toutes sortes de
bois, bois morts et mort-bois, branches et remanans
et autres arbres de quelques espèces qu'ils soient,
rompus, secs, verts gisants par terre, par l'impétuo-
sité des vents ou autrement, sauf les chablis qui sont
sept arbres d'une vue avec branches restés, et remanans des chablis, le temps de vidange d'iceux expiré
avec le paturage pour leurs vaches et leurs chevaux
en tous temps, hors les landes et temps défendus, à la
charge de payer à la recette du domaine.

« Produisent les titres qui suivent :

« Une enquête faite le 21 mars 1521, par le lieutenant en la maîtrise de Valois, composée de sept témoins, de la déposition desquels il résulte qu'il était
lors notable que les habitants et communautés de Villers-Cotterêts, ont droit d'usage à prendre dans la forêt de Retz dont ils ont paisiblement jouis de tous
temps de mort-bois, branches et remanans, même
d'abattre les chênes, trembles et bouleaux tout verts
et tous autres secs en étant, fussent chênes et faux
ou autres et tous verts gisants, le tout pour leur usage
sans en vendre ou donner et sans y appliquer scie,
ligne ou cognée à bizeau et sans toucher au chablis
qu'il entend être sept arbres (*sic*) en vue gisant par
terre et qu'ils ont aussi droit de mettre leurs chevaux
et vaches paturer dans lad. forêt depuis la mi-mars
jusqu'à la St-Remy, hors les landes, et défends pour-
quoi ils payent par chacun an, au jour de St-Remy
19 muids 4 septiers d'avoine à la recette du domaine
et que les anciens titres d'iceux droits ont été perdus
et brûlés lors de l'embrasement de l'église.

« Lettres patentes du roi Henri quatrième, du mois
d'octobre 1609 signées sur le reply Bruslar, confirma-
tives desdits droits, registrées à la table de marbre
le 6e juillet 1610, à la charge de prendre nouvelles

lettres de confirmation et payer lad. redevance, sauf en procédant au réglement général.

« Autres lettres patentes du roi Louis XIII du mois de juin 1637 portant continuation et confirmation des mêmes droits, registrées à la table de marbre le 21ᵉ mars 1641, aux charges portées par la sentence du 3 février 1611.

« Quittance de la somme de 990 livres payée par lesdits habitants le 10 novembre 1640 pour le droit d'amortissement et les deux sols pour livres prétendus à cause desdits usages et paturages.

« Résultat du conseil de feu Monsieur le duc d'Orléans, du 15ᵉ février 1642 portant main levée desdits droits à la charge de lad. redevance. »

Le procès-verbal de réformation de la forêt de Retz et des buissons en dépendant clos par Lallemant en 1672, a été approuvé par le Roi en son Conseil d'Etat, ainsi que le prouve la mention suivante qui termine la copie que nous avons sous les yeux :

EXTRAIT DES REGISTRES DU CONSEIL D'ETAT.

« Le roy s'étant fait représenter en son conseil les procès-verbaux des commissaires deputez par S. M. pour la réformation des eaux et forest du duché de Valois expediez et arretez les 15 mars et 5 février de la presente année.

« Ouy, le rapport du Sʳ Colbert, conseiller ordinaire au conseil royal et controlleur général des finances, — S. M. en son conseil a ordonné et ordonne que lesd. advis et règlemens généraux de réformation faits et dressez par lesd. commissaires du duché de Valois, seront registrez au greffe du siège général des eaux et forests, à la table de marbre du palais à Paris, du grand Maître au département de l'Isle de France et des maîtrises de Villers-Cottretz et de l'Aigue, pour estre executez selon leur forme et teneur.

« Enjoint auxd. grand-maître et officiers d'y tenir la main sans s'en départir ni augmenter ou diminuer les coupes y contenues sous aucun prétexte aux peines de l'ordonnance. — Fait au Conseil d'Estat du Roy tenu à Versailles le 16 novembr' 1672. Signé par collation : BESCHAMEIL.

« Registré au greffe au siège général de la table de marbre, du palais à Paris, ce requérant le procureur général du roy, en lad. cour, suivant le jugement de ce jourd'hui 12 décembre 1672. — Signé : BROQUET avec paraphe.

« Registré, leu, publié au greffe de la maîtrise du duché de Valois, pardevant nous, Charles de Capendu, chevalier seigneur dudit lieu, vicomte de Boursonnes, seigneur patron d'Hennesis, conseiller du Roy et de S. A. R., maître des eaux et forests du duché de Valois, en présence de nos lieutenant, gardes-marteaux, officiers, ce requérant le procureur du Roy et de S. A. R. suivant le jugement de ce jourd'hui 20e décembre 1672.

« Signé : WARNIER avec paraphe. »

Mais bientôt la vigilance des gardes fut moins grande et les appétits n'étant pas diminués, le mal recommença.

Cette belle forêt était la proie d'une légion de dévastateurs quand la révolution de 1789 vint tout à coup changer la face des choses.

Alors un homme de bien, honoré de tout le monde, sut, à défaut de loi, préserver la forêt ; il écarta le torrent qui menaçait de l'envahir et réussit à conserver les hautes futaies.

Cet homme, dont le nom est encore entouré d'un

profond respect, c'est M. Deviolaine, inspecteur de la forêt dans ces temps difficiles.

Alors qu'on mutilait les monuments publics, qu'on détruisait les églises, qu'on anéantissait tout ce qui touchait à l'ancien régime, la forêt de Villers-Cotterêts n'eut point à souffrir des Vandales de la *bande noire*, comme on les appelait.

Quelque novateur acharné avait bien proposé de défricher la forêt pour mettre le sol en culture, et de planter des pommes de terre dans la pelouse et les allées, mais ces propositions ne trouvèrent point d'écho et tombèrent d'elles-mêmes.

La forêt fut respectée et aujourd'hui elle forme une des plus grandes masses boisées de la France. Son étendue actuelle est de 12,969 hectares 60 ares.

Elle n'a donc pas diminué depuis Louis XIV. Pourtant autour d'elle les bois particuliers disparaissaient rapidement.

La première cause fut la proclamation de Louis XVI, du 3 novembre 1791, qui plaçait les bois sous la protection des municipalités, c'est-à-dire qui les livrait à ceux-là même qui les dévastaient.

Les bois n'étant plus soumis à la surveillance des agents forestiers, chaque propriétaire fit abattre les siens et, dans l'espoir d'un bénéfice plus considérable, les défrichements se multiplièrent partout. Funeste liberté qui eut pour conséquence le déboisement des montagnes et souvent la formation de torrents qui inondèrent les plaines et dévastèrent les vallées.

Une loi du consulat du 9 floréal an XI, envisageant le péril et voulant l'arrêter, prohiba tout défrichement sans autorisation.

Cette loi réorganisait l'administration forestière et en faisait une division du ministère des finances, confiée à un directeur général.

La France est divisée en grandes zones forestières

administrées par un *conservateur*. — La forêt de Retz fait partie de la conservation de Douai. Elle est administrée par un inspecteur, deux sous-inspecteurs, des gardes généraux, des gardes à cheval et de simples gardes forestiers.

Le code forestier, promulgué en 1827, régit aujourd'hui encore nos forêts ; il a confirmé en grande partie les sages prescriptions établies par le consulat pour les défrichements et l'organisation du service.

Peu de modifications été apportées depuis par les législateurs.

Malgré tout cela, malgré ces précautions, le mal était bien grand, car en moins d'un siècle la France perdit la moitié de ses forêts : ainsi, avant la Révolution, vers 1760, on comptait 34 millions d'arpents de forêts, selon le marquis de Mirabeau, et aujourd'hui on en trouve plus que 17 millions (8,900,000 hectares, d'après les dernières statistiques), ce qui est insuffisant pour les besoins.

C'est là un fait regrettable dont la forêt de Retz a été heureusement préservée. Nous espérons qu'elle conservera encore longtemps son étendue, ses grands arbres, ses frais ombrages, ses sites pittoresques et ses légendes poétiques.

Nous l'espérons, parce que les hautes futaies au feuillage touffu entretiennent la fraîcheur du sol et conservent les sources d'eau que les défrichements dessèchent ; — parce que l'air se purifie au contact oxigéné des plantes et préserve des épidémies ; — enfin parce que la végétation forestière, déjà si amoindrie, ne saurait être détruite sans qu'il en résultât les plus graves inconvénients pour l'industrie et la santé publique. (Voir pièces justificatives n° 4.)

PIÈCES JUSTIFICATIVES.

—

N° 1.

Par lettres du 18 octobre 1392, de Blanche, duchesse d'Orléans, comtesse de Valois et de Beaumont et de Louis son neveu, fils de Roy de France, duc d'Orléans, comte de Valois et de Beaumont, il est accordé aux verriers « estans et demeurans en nostre forest de Rest, » de rester au lieu-dit le Four Paris, au lieu de « changier et muer leurs fours et habitations et yceulx faire au lieu que l'en dit la Betonne, aussy seroient-ilz en adventure d'estre désers et mis à povreté, pour cause des grands frais et mises qu'il leur faudroit faire pour ce et soustenir. »

Ces verriers jouissaient « de 10 arpens de bois plains, en la forest de Rest, au lieudit le Four Paris, » à charge de payer « chascun arpent à 6 francs d'or, sans greffe ne tare, à 4 payements, le premier commençant à l'Ascension de Nostre-Seigneur, prochainement venant, le second à la Toussaint après et ensuivant ainsy de an en an et de terme en terme, jusques a fin de paie et avons retenu pour madicte dame tous autres fruits portans et toutes les autres conditions accoutumées.

Faict à Pisseleu le mercredi xx° jour de novembre 1392. »
(De Beauvillé, document inédit sur la Picardie, I, p. 67.)

———

N° 2.

Maîtrise de Villers-Cotterêts donnée en apanage à Monsieur.

La forêt de Retz contient 23,538 arpens ; elle est située à 3 lieues de Soissons, 2 lieues de la rivière d'Aisne et une de celle de l'Ourcq.

Le buisson de Berny a 397 arpens 18 perches.

Le buisson de Cresne a 331 arpens 79 perches.

Le buisson de Hautvisson a 567 arpens 19 perches.

Le buisson du Tillet a 735 arpens 20 perches.

Il y a 10,200 arpens de haute futaye, la pluspart de hestre de bonne nature de l'aage de 100 jusques à 200 ans ; 6,240 arpens de demie-futaye de mesme essence depuis 60 jusqu'à 100 ans aussy bien venans ; 10,409 arpens en jeune vente et haut revenu de hestres, chesnes et autres bois de tous âges jusques à 60 ans. Le buisson du Tillet est planté en haut taillis de hestres et chesnes.

Les coupes sont réglées par l'Estat arresté au conseil le 25 septembre 1674. Il sera réservé et mis en défend 1,637 arpens 50 perches des plus vieux bois désignés par le procès-verbal de réformation et dans le surplus il sera coupé 150 arpens de bois de haute futaye, à commencer en 1675, au proffit de S. A. R. La coupe du buisson du Tillet est de 37 arpens 50 perches de bois taillis, au proffit de S. A. R. à commencer en 1675.

Officiers	Gages.	Chauffage en cordes.	Evaluation en arg. desd. chauff. suivant l'estat arresté au conseil le 2 décembre 1673.
Le maître particulier ancien.	400 liv.		
Le maître particulier alternatif.	400	25 cord.	300 liv. à 12 l. la corde.
Le lieutenant. . . .	300	15	180
Le procureur du roy.	300	10	120
Un garde marteau.	200	10	120
Un ancien garde marteau	200	10	120
Un greffier	80	5	60

Officiers.	Gages.	Chauffage en cordes.	Evaluation en arg. desd. chauf. suivant l'estat arresté au conseil le 2 décembre 1673.
Report.	1880	75	900
Le garde général à cheval.	900	»	»
19 sergents à pied.	1900	»	»
Total	4680	75	900

Lesdits gages et chauffages sont acquittés par S. A. R.

———

NOMS DES USAGERS COMPRIS DANS L'ESTAT ARRÊTÉ AU CONSEIL
LE 2 DÉCEMBRE 1673.

———

Forest de Retz.

	Chauffage en corde.	Evaluation en argent.
Le seigneur d'Oigny. . . .	50 cordes	300 l. à 6 l. la corde.
Les religieuses hospitalières de Saint-Michel de la Ferté-Milon.	20	120
Le seigneur de Passy. . .	25	150 pannage.
Le seigneur de Bournonville	20	120
Le seigneur de Boursonne.	15	90
Le seigneur de Plessis-sur-Autheuil	10	60
Le sr duc de Noirmoustier, à cause de l'engagement du domaine de La Ferté-Milon.	30	180
Le seigneur de Thury. . .	30	180
Les chartreux de Bourgfontaine.	»	» { pannage et 3 ar. 1/2 de chauffage en espèce.
Le concierge du chasteau de Villers-Cotterêts. . .	6	36
Les abbés et religieux de St-Jean-des-Vignes-lès-Soissons	50	300
Les abbesse et religieuses de N.-D. de Soissons . .	50	300
Les prieur et religieux, de		

	Chauffage en corde.	Evaluation en argent.	
Report	356	1836	arp. 1/2.
Longpré	100	600	pannage.
Les abbesse et religieuses du Parc-aux-Dames de Crespy	56	300	pannage.
Les prieur et religieux de St-Arnould, de Crespy. .	30	180	
Les abbé et religieux du Lieu restauré.	20	120	pannage.
Les prieure et religieuses de l'hospital de St-Michel, de Crespy.	»	»	{ 4 ar. 1/2 de taillis dans les buissons du Tillet.
Le prieur de St-Vulgis. . .	20	120	
Les capucins de Crespy. .	12	72	
Total	538	3228	8 arp.

Les habitants de Villers-Cotterêts, Haramont, Emeville, Bonneuil, Retheuil, Taillefontaine, St Pierrelle, Domiers, Plessis-aux-Bois et Largny et les seigneurs de Largny et d'Haramont ont le droit de bois sec en estant et verd gisant, mort bois verd et en estant, ainsy que le droit de pasturage.

Les habitans des paroisses de Viviers, Longavesne, Puiseux, Soucy, Montgobert, Corcy, Fleury, Faverolles, Dampleux, Oigny, Cilly, La Ferté Milon, Marolles, Plessis-sur-Autheuil, Billemont, Boursonnes, Yvor, Thury, Villers-Potez, Ormoy le-Davien, Gondreville, Vaumoise, Vauciennes, Coyolles et Pisseleu, ont le droit de branches et remanant, mort bois et le droit de pasturage.

Les habitants de Chouy et Villers-Petit, Ancienville, Noroy et Trouaine, Vauparfonds et Passy ont les mêmes droits.

Les abbés et religieux de Valsery, Longpont, Saint-Remy, les seigneurs de Montgobert, Plessis aux Bois, Marolles, et les seigneurs des paroisses et habitants d'Haramond, Taillefontaine, Retheuil, Thury, Oigny, Puiseux et Soucy, tant pour eux que pour leurs fermiers, ont le droit de pannage.

(De Beauvillé, documents sur la Picardie, 11, p. 365).

N° 3.

Une petite brochure, imprimée à Soissons, chez Waro-
quier, en 1786, contient le règlement concernant le service
combiné de la Maitrise et de la Capitainerie du duché de
Valois à Villers-Cotterêts, registré au greffe des deux siéges
les 13 et 14 juin 1786.

Les 12 premiers articles concernent les attributions des
officiers et gardes, la surveillance dont ils sont chargés, la
répression des délits et les procès-verbaux qu'ils doivent
faire.

Art. 13. — Les gardes, tant de la Maitrise que de la
Capitainerie, ne pourront faire aucune exploitation de
ferme, ni faire aucun commerce, soit en bois, charbon, vin
ou autre marchandise et trafic, à peine de 50 livres d'amende
et de destitution.

Art. 15. — Tout garde trouvé pris de boisson sera con-
damné, la première fois en 6 livres d'amende, la deuxième
fois en prison, et sa garde faite par un aide à qui il sera
payé 40 sous par jour, sur ses gages, et la troisième fois,
destitué de sa place.

L'art. 22 défend aux gardes et garçons gardes de faire
aucune battue ni rabats, sans ordre exprès, à peine de
20 livres d'amende et de destitution en cas de récidive.

L'art. 23 défend aux gardes de disposer d'aucuns bois
vifs, secs traînants, ni d'aucune espèce de gibier. Il per-
met seulement aux gardes de la Capitainerie de tuer du
lapin pour leur consommation, et point au-delà.

L'art. 24 défend aux gardes de tirer sur le gros gibier.

L'art. 25 prescrit aux gardes, sous peine de destitution,
d'envoyer chez l'inspecteur le gibier qu'ils auront tué, soit
pour la provision du duc d'Orléans, soit pour M. le comte
de Barbançon.

L'art. 27 ordonne aux gardes qui trouveraient du gibier
mort, d'en faire la déclaration à l'inspecteur, à peine de
20 livres d'amende.

L'art. 28 destitue le garde qui serait convaincu d'avoir

déclaré faux sur la quantité de gibier tué par lui dans le mois précédent.

L'art. 29 porte : tout garde convaincu d'avoir détourné, recélé et vendu du gibier, sera constitué prisonnier, dégradé et chassé honteusement et puni plus sévèrement, d'après les ordres de Mgr le duc d'Orléans.

Les art. 30 et 31 défendent de chasser sans permission formelle.

L'art. 32 prohibe la chasse, même aux bêtes puantes, les dimanches et fêtes.

L'art 33 ordonne de faire couver à la faisanderie des nids de faisans et de perdrix.

L'art. 34 prescrit des patrouilles pour traquer les braconniers et délinquants.

L'art. 39 oblige les gardes, mandés pour les cérémonies, à revêtir l'habit d'ordonnance, à se faire poudrer, à porter les cheveux en queue ou cadenette, et à être chaussés de bas blancs, à peine de 3 livres d'amende.

N° 4.

De nos jours, on reconnaît plus que jamais l'immense utilité des forêts pour régulariser le régime des eaux et s'opposer ainsi aux inondations, pour arrêter la marche des sables dans les dunes, pour empêcher le tarissement des sources, pour maintenir les terres dans les pentes. Les massifs boisés purifient l'atmosphère en absorbant les miasmes délétères qui s'exhalent des eaux stagnantes et marécageuses.

Un hectare de forêt fixe par an dans les tissus ligneux 2.000 kilogrammes de carbone, empruntés tout entiers à l'atmosphère par la décomposition du gaz acide carbonique. Et au point de vue de la consommation ! Nous ne citerons que quelques chiffres ; car, comme le dit Pline (livre XII) : *Mille sunt usus arborum*, et nous serions entraînés plus loin. Il faut à la marine militaire 30,000 mètres cubes par an, et à la marine marchande 60,000, soit en tout 100,000 mètres cubes équarris à vive arête, ce qui correspond à 200,000 mètres cubes de bois plein. Les traverses de chemins de fer, destinées à supporter les rails, pendant dix ans, il en fallait déjà, en 1864, 3,600,000 par an, ce qui, à raison de 10 par mètre cube, donne un volume de 360,000 mètres cubes par an, correspondant à la production totale de 120,000 hectares de forêts régulièrement aménagées en futaie pleine ! Et le réseau de nos chemins de fer est loin d'être complet ! Et on n'a pas compté dans le calcul qui précède les bois nécessaires pour la construction des wagons, tenders, etc. Aussi les chemins de fer ne savent pas comment suppléer à l'insuffisance des produits propres à la fabrication des traverses.

L'illustre ministre Colbert s'occupait des forêts, puisque c'est à lui que nous devons l'ordonnance des eaux et forêt de 1669. On lui prête ces mots : « La France périra faute de bois ! » Puisse cette menace ne jamais se réaliser ! Puissions-nous conserver avec soin et améliorer de plus en plus les forêts qui nous restent !

(Journal de l'Agriculture,   Jules et BERTIN et Ch. VALLÉE,
     t. III, n° 388.)   Sous-inspecteur des forêts.

FIN.

Soissons. — Imp. MICHAUX.

www.ingramcontent.com/pod-product-compliance
Lightning Source LLC
Chambersburg PA
CBHW071009280326
41934CB00009B/2234